16 비행기 편

게리 베일리 글 | 강준구 그림 | 윤소영 옮김

초판 1쇄 발행 2008년 4월 17일

발행인 양원석 | 편집장 신수경 | 편집 전혜원, 박경선, 김지은 | 디자인 금동이책 | 퀴즈 박상희
발행처 랜덤하우스코리아(주) | 주소 서울시 강남구 삼성동 159번지 오크우드호텔 별관 B2(우 135-525)
편집 문의 02) 3466-8914 | 구입 문의 02) 3466-8955
등록번호 제2-3726호(2004년 1월 15일 등록) | 홈페이지 주소 www.randombooks.co.kr
ISBN 978-89-255-1293-8 74500
　　　978-89-255-1277-8 74500 (세트)

SIMPLY SCIENCE : FLIGHT
Original copyright ⓒ 2007 by Diverta Ltd.
Asian copyright ⓒ 2008 by Random House Korea, Inc.
All rights reserved.
This rights arranged with Diverta Ltd. through EYA(Eric Yang Agency), Seoul.

이 책의 한국어판 저작권은 EYA 에이전시를 통해 Diverta Ltd.와 독점 계약한 랜덤하우스코리아(주)에 있습니다.
신 저작권법에 의해 한국 내에서 보호를 받는 저작물이므로 무단 전재와 무단 복제를 금합니다.

깜짝! 과학이 이렇게 쉬웠어?

16 비행기 편

게리 베일리 글
강준구 그림 | 윤소영 옮김

주니어랜덤

차 례

이렇게 구성했어요	⋯ 4~5
비행은 무엇일까?	⋯ 6~7
중력	⋯ 8~9
레오나르도 다 빈치의 비행기계	⋯ 10~11
연	⋯ 12~13
열기구	⋯ 14~15
새는 어떻게 하늘을 날까?	⋯ 16~17
비행기	⋯ 18~19
비행기의 조종	⋯ 20~21
매끄러운 모양	⋯ 22~23
제트 기관	⋯ 24~25
로켓	⋯ 26~27
전투기	⋯ 28~29
헬리콥터	⋯ 30~31
퀴즈	⋯ 32~37
퀴즈 정답	⋯ 38~39
찾아보기	⋯ 40

이렇게 구성했어요

주제에 대한 가장 기초적인 개념을 알려 줍니다.

앞서 알게 된 과학 개념을
활용하여 만든 우리 생활 속
과학 이야기를 담았습니다.

깜짝 놀랄 만한 아이디어와 도전으로 탄생한 생활 속 물건들에 관한 이야기를 담았습니다.

사물이나 내용, 관계 등을 한눈에 쉽게 알 수 있게 간단한 그림을 보여 주고, 설명을 덧붙였습니다.

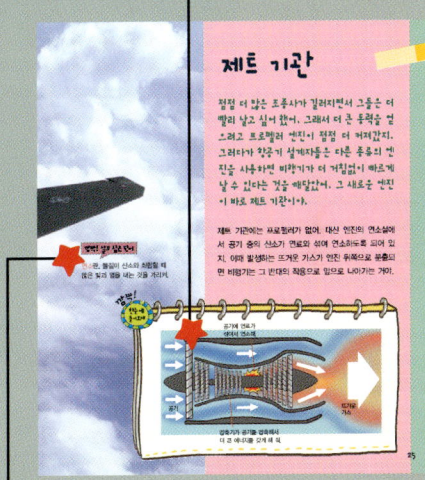

깜짝! 알고 싶은 단어

본문 속에 나오는 어려운 단어를 쉽게 풀이했습니다.

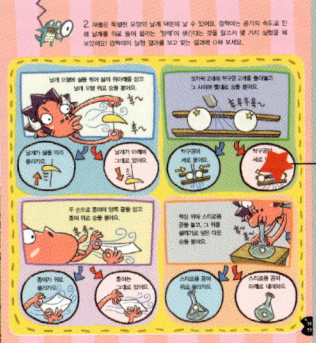

재미있는 퀴즈를 풀면서 책 내용을 다시 한번 되새겨 보고 즐겁게 놀아 봅니다.

하늘에는 둥실둥실 떠다니는 **열기구**, 씽씽 **비행기**, 펄럭펄럭 **독수리**가 있어.

비행은 무엇일까?

비행은 하늘을 나는 일이야. 새처럼 날개가 있는 동물은 하늘을 날 수 있지. 새처럼 하늘을 나는 것은 인류의 오랜 꿈이었어.

물론, 사람에게는 새와 같은 날개가 없어서 하늘로 날아다니려면 비행을 도와줄 무언가가 필요해. 그래서 열기구, 글라이더, 비행기 같은 놀라운 장치가 발명된 거야. 이런 장치의 도움을 받으면 우리 모두 하늘을 날 수 있어.

이제 하늘을 날아 보자!
새처럼, 열기구처럼, 헬리콥터처럼, 점보제트기처럼 말이야. 아니면 로켓처럼 날아올라 우주 여행을 떠나 볼까?

중력

땅을 박차고 뛰어올라도 우리는 금세 다시 땅에 떨어져. 눈에 보이지 않는 힘이 우리를 끌어당기고 있기 때문이야. 그 힘을 중력이라고 해. 중력은 지구 위에 있는 모든 물체가 지구로부터 받는 힘이야.

지구의 중력은 우리 몸뿐 아니라 우리 눈에 보이지 않는 공기에도 미치고 있어. 지구의 중력에 붙잡혀서 보이지 않는 담요처럼 지구를 감싸고 있는 커다란 공기 덩어리를 '대기'라고 해. 대기는 지구를 포근하게 덮어서 해로운 태양빛으로부터 우리 몸을 보호해 줘. 바람은 공기의 움직임이야. 바람이 불 때마다 우리는 공기가 진짜로 있다는 것을 확인할 수 있지.

바람으로 부풀어 오른 풍향계를 보면 바람이 부는 방향을 알 수 있어.

새털처럼 가볍게

사람들은 우리 몸이 공기보다 가벼우면 하늘로 날아오를 수 있을 거라고 생각했어. 하늘을 나는 새를 보고는, 새의 날개 모양에 하늘을 날 수 있는 비법이 숨어 있다는 것을 알게 됐지.

사람들은 공기를 채운 풍선이 공중에 쉽게 떠오르는 것도 보았어.

기압은 무엇일까?

중력에 붙잡힌 대기는 역기나 아령처럼 무게를 가지고 우리 몸을 누르고 있어. 대기가 누르는 힘을 기압이라고 해. 높은 곳으로 올라가면 우리를 누르는 공기가 점점 적어져서 기압도 낮아져.

어떻게 하면 하늘을 날 수 있을까?

공기 속의 산소

공기는 여러 가지 기체 분자로 이루어져 있어. 공기 중에서 산소 분자가 차지하는 비율은 21퍼센트야. 그런데 바닷가, 즉 해수면에서 높이 올라갈수록 공기는 점점 줄어들어. 산소 분자도 따라서 줄어들지. 그래서 아주 높은 산에서 사람들이 숨 쉬기 힘들어하는 거야.

레오나르도 다 빈치의 비행기계

레오나르도 다 빈치는 지금으로부터 약 500년 전 이탈리아에서 살았어. 많은 이들이 그가 인류 역사에서 가장 똑똑한 발명가라고 이야기해.

레오나르도 다 빈치는 천재였어. 그는 이전에 어느 누구도 생각해 내지 못했고, 그 뒤로도 수백 년이 흐르도록 아무도 만들지 못한 여러 가지 기계를 생각해 냈어. 여기 나온 모든 것이 다 빈치가 스케치 한 비행기계들이야.

낙하산

다 빈치의 낙하산은 지붕 모양의 텐트를 이용해서 만들었어. 텐트를 이용하면 공기 저항을 받는 부분이 더 커지게 돼. 공기 저항이란, 물체가 운동하는 반대 방향으로 공기가 작용하는 힘인데, 이 힘이 커지면서 물체가 떨어지는 속도가 느려지는 거지.

비행기계

다 빈치의 비행기계는 오늘날의 글라이더와 비슷한 모양이야.

여기 이 부분을 좀 더 둥글게 그리고…….

혼자서 뭘 그리 중얼대는지!

헬리콥터
다 빈치는 나사선의 원리를 이용해서 공중에 뜨는 헬리콥터를 설계했어.

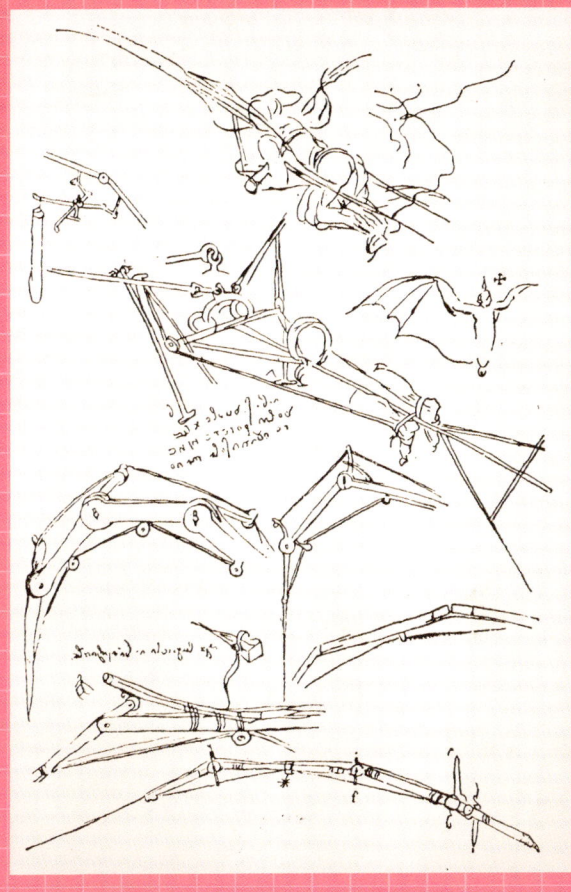

행글라이더
이 그림에 나온 행글라이더에는 새의 날개와 비슷해 보이는 날개가 달렸어.

레오나르도는 양력 같은 비행의 기본 원리를 알고 있었던 거지.

연

연날리기는 정말 재미있는 놀이야. 과학자들에 따르면 연은 약 2천 년 전 중국에서 발명되었대.

놀라운 도전 - 바람을 이용한 통신

오랜 옛날, 군대에서는 쳐들어오는 적군의 규모를 미리 확인할 방법이 없어 직접 확인을 해야 했어요. 그러려면 정찰병이 위험을 무릅쓰고 적진에 다가가야 했지요.

크윽……. 적군의 규모가 이렇게 클 줄이야!

때때로 그들은 자신이 모은 정보를 본부로 보내야 했어요. 이때, 도중에 적의 군사를 만난다면 어떻게 될까요?

헉, 적군이 침입했다!

뜨악!

아마도 적진을 뚫고 달아나야 했을 거예요.

도망가 봤자 앞에는 강이다! 크하하하, 잡아라!

크아아악, 이를 어쩌지?

연은 항공기의 일종이야. 연은 보통 얇은 천이나 종이처럼 가벼운 소재를 틀에 붙인 다음, 기다란 줄을 매달아서 만들어. 연은 바람의 에너지로 움직이는 장치야. 돛단배나 윈드서핑도 바람 에너지에서 움직이는 힘을 얻어.

전달할 내용을 새의 다리에 묶은 뒤, 새를 날려 보내는 방법도 있었어요. 깃발을 흔들어서 전갈을 보낼 수도 있었지요.

"새야, 부디 이 소식을 전해다오."

"이제 곧 날 도우러 오겠지?"

중간에 산이나 나무가 있어서 시야를 가리지만 않는다면 말이지요!

"무슨 신호인지 안 보이잖아?"

"음냐!"

그때 누군가가 깃발에 아주 긴 끈을 묶어 날려 보내는 방법을 생각해 냈어요. 그들은 십자 모양의 틀을 만들고 그 위에 천을 붙여 연을 만들었어요. 이렇게 만든 연에 전달할 내용을 쓴 다음, 긴 끈을 이용하여 조종하면서 날려 보냈답니다.

"철통 수비!"

"바람을 이용해서 보내다니, 대단해!"

四面楚歌

열기구

열기구는 커다란 풍선처럼 생긴 주머니 속의 공기를 따뜻하게 데워서 공중에 떠오르도록 만든 장치야.

사람들은 열기구에 달린 바구니를 타고 처음으로 하늘을 날 수 있었어.

여러분이 열기구를 종종 볼 수 있는 것은 다 우리 덕분이야!

놀라운 도전 ## 뜨거운 공기의 힘으로 날다

1782년 프랑스

아, 직접 하늘을 날고 싶다!

우리에게 새 같은 날개가 있는 것도 아니고……

몽골피에 형제

아, 뭔가 방법이 없을까?

음, 생각해 본 건데 낙엽을 태울 때 연기를 타고 낙엽이 하늘로 올라가잖아!

그러니까 낙엽처럼 가벼운 물체에 연기를 넣으면 하늘로 올라가지 않을까?

열기구는 어떻게 하늘을 날까?

뜨거운 공기는 찬 공기보다 가벼워서 주위에 찬 공기가 있으면 위로 떠오를 수 있어. 그래서 열기구 속의 공기를 따뜻하게 만들면 열기구는 물론, 사람들이 탄 바구니도 공중으로 떠올라.

- 열기구의 기구(풍선) 부분은 가벼운 소재로 돼 있어.
- 뜨거운 공기를 집어넣는 구멍
- 바구니에는 승객을 태워.

어서 실험해 보자!

응, 서두르자!

우아, 뜬다!

이번엔 이걸 엄청 크게 만들어서 그 밑에 동물들을 태워 보자!

이렇게 큰 게 정말 뜰 수 있을까?

연기가 아니라 뜨거운 공기가 물체를 띄우는 것 같은데…… 해 보면 알겠지.

뜨거운 공기가 물체를 띄우는 거야! 이제 우리도 날 수 있어!

크하하하, 성공이다, 성공!

새는 어떻게 하늘을 날까?

새처럼 하늘을 날 수 있다면 얼마나 좋을까?
하지만 그러려면 날개가 필요해. 새는 특별한 모양의 날개 덕분에 하늘을 날 수 있는 거야.

날개의 모양

새의 날개는 약간 구부러진 유선형이야. 공중에서 날개가 움직이는 동안 공기는 두 갈래로 갈라져서 흐르지. 한 갈래는 날개 위로, 또 한 갈래는 날개 아래로 흘러.

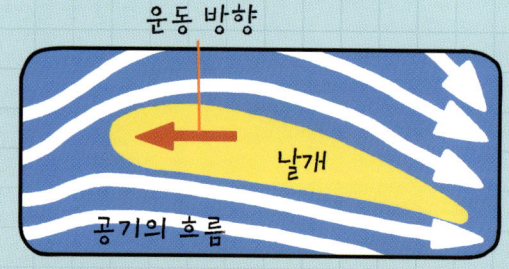

두 갈래로 흐르는 공기는 서로 다른 속도로 움직이고, 이 때문에 날개를 위로 들어 올리는 '양력'이 생기게 돼.

날개 위로 움직이는 공기는 날개의 윗면을 따라 구부러져서 흘러. 그래서 위쪽 공기가 아래쪽보다 더 빨리 움직이지. 공기의 흐름이 빨라지면 공기의 압력이 낮아져. 그 결과 날개 위에서 누르는 공기의 압력이 밑에서 밀어 올리는 압력보다 낮아지고, 날개가 위로 올라가게 돼. 이렇게 날개의 운동 방향에 수직으로 작용하는 힘을 '양력'이라고 해.

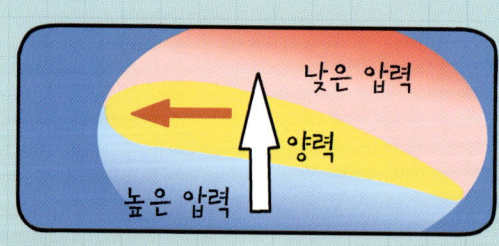

사람들은 하늘을 나는 새의 날개 모양을 참고해서 비행기계를 설계했어.

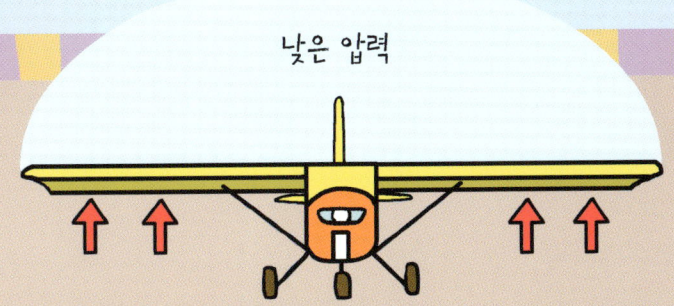

낮은 압력

비행기에서 날개는 거대한 국자와 같은 작용을 해. 날개가 공기를 퍼 내리면, 날개 위쪽 공기의 압력이 낮아져서 비행기가 더 높이 날아오르는 거야.

공중에서 정지하는 새

벌새는 날개를 8자 모양으로 매우 빠르게 회전시켜서 공중에서 멈춘 상태로 날 수 있어. 어떤 종류의 벌새는 1초 동안 80번이나 날개를 퍼덕일 수 있어.

새처럼 하늘을 날다

비행기

비행기가 날기 위해서는 날개의 표면을 휘게 만들어 양력을 크게 해 줘야 된다는 것을 발견했어요.

비행기는 공기보다 무거운 항공기로, 날개와 자체적인 동력 장치를 갖추고 있어.

미국의 발명가 오빌 라이트와 윌버 라이트 형제는 비행기를 처음 발명했어. 그들은 흰머리수리를 관찰하면서 날개로 어떻게 나는지, 어떤 모양의 날개가 가장 좋을지를 연구했어. 그리고 마침내 인류 비행의 역사에서 새 시대를 열었어.

역사상 처음으로 조종할 수 있는 비행기를 만들게 되었고, 전 세계 사람들에게 큰 편리함을 가져다주었어요.

너희도 도전하면 무엇이든 할 수 있어!

플라이어 호

라이트 형제의 성공은 그 뒤 초기 비행기들이 설계되는 데 큰 영향을 끼쳤어.

비행기의 조종

라이트 형제, 그리고 그 뒤를 이은 발명가들은 비행기를 쉽고 안전하게 조종하려고 여러 부분을 개선했어. 여기에서 그 일부를 소개할게.

라이트 형제는 엔진의 힘으로 프로펠러를 돌려서 앞으로 나아가는 비행기를 많이 만들었어. 그리고 비행기를 조종하는 장치도 발명했지. 그중 하나가 날개 뒤에 달려 있는 '승강키'야.

깜짝! 한눈에 들어오네

- 방향키
- 승강키
- 승강키
- 엔진

꼬리날개에 수직으로 달린 방향키는 방향을 좌우로 돌리는 장치야.

조종사는 승강키를 움직여서 비행기 앞부분이 위나 아래를 향하게 할 수 있어.

프로펠러

프로펠러는 새들이 날개를 치는 것과 같은 일을 해서 비행기를 앞으로 밀어 보내는 장치야. 영국 전투기 허리케인은 동체 앞부분에 프로펠러가 달려 있었어. 그래서 이 전투기를 설계한 사람들은 전투기에 장착한 총이 앞쪽의 프로펠러를 쏘아 맞추지 않는지 확인해야 했어.

바퀴와 플로트

비행기의 동체가 직접 땅에 미끄러지면서 착륙한다면 절대 안전할 수가 없어. 그래서 비행기의 착륙 장치에는 안전한 착륙을 위해 바퀴가 달려 있지.
물 위에 착륙하는 수상 비행기에는 바퀴 대신 공기를 채운 탱크가 달려 있어. 이 장치를 플로트라고 해.

깜짝! 알고 싶은 단어

조종이란, 비행기나 선박, 자동차 따위의 기계를 다루어 부리는 것을 말해.

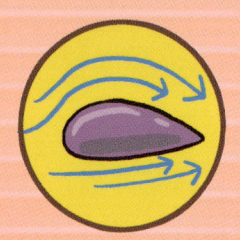 # 매끄러운 모양

세월이 흐르면서 프로펠러를 단 비행기들은 점점 유선형으로 바뀌어서 더 잘 날 수 있게 되었지. 물이나 공기의 저항을 줄이려고 앞부분을 곡선으로 만들고, 뒤쪽으로 갈수록 뾰족하게 만든 형태를 유선형이라고 해. 비행기는 유선형에 가까울수록 더 빨리 날 수 있어.

이 비행기는 날개가 이중으로 되어 있어서 복엽 비행기라고 해. 복엽 비행기는 속도가 그렇게 빠른 편이 아니었어.

승객과 화물을 실어 나르는 대형 여객기는 더 많은 동력이 필요했어. 그래서 날개에 둘 또는 네 개의 엔진을 달아야 했지.

최초의 대형 여객기는 공기의 힘을 잘 이용한 모습은 아니었어.

제2차 세계 대전 당시의 전투기들은 매끄러운 자태를 뽐냈어. 그 전투기들은 초기의 비행기보다 훨씬 더 기동성 있게 움직일 수 있었지. 이런 기동성은 적의 전투기와 공중에서 전투하는 데 있어 매우 중요했어.

에어버스 A380의 웅장한 모습이야.

이 초대형 여객기는 유선형으로 설계되어 매우 빠른 속도로 날 수 있어.

깜짝! 알고 싶은 단어

상황에 따라 재빠르게 움직이거나 대처하는 특성을 기동성이라고 해.

초고속 전투기

이 스텔스기처럼 제트 기관을 장착한 비행기는 음속, 즉 소리가 전파되는 속도보다 더 빠르게 날 수 있어.

음속은 한 시간에 1,200킬로미터의 속도가 나는 걸 뜻해.

1200km/h이상
1200km/h
300km/h
80km/h

제트 기관

점점 더 많은 조종사가 길러지면서 그들은 더 빨리 날고 싶어 했어. 그래서 더 큰 동력을 얻으려고 프로펠러 엔진이 점점 더 커져갔지. 그러다가 항공기 설계자들은 다른 종류의 엔진을 사용하면 비행기가 더 거침없이 빠르게 날 수 있다는 것을 깨달았어. 그 새로운 엔진이 바로 제트 기관이야.

제트 기관에는 프로펠러가 없어. 대신 엔진의 연소실에서 공기 중의 산소가 연료와 섞여 연소하도록 되어 있지. 이때 발생하는 뜨거운 가스가 엔진 뒤쪽으로 분출되면 비행기는 그 반대의 작용으로 앞으로 나아가는 거야.

깜짝! 알고 싶은 단어

연소란, 물질이 산소와 화합할 때 많은 빛과 열을 내는 것을 가리켜.

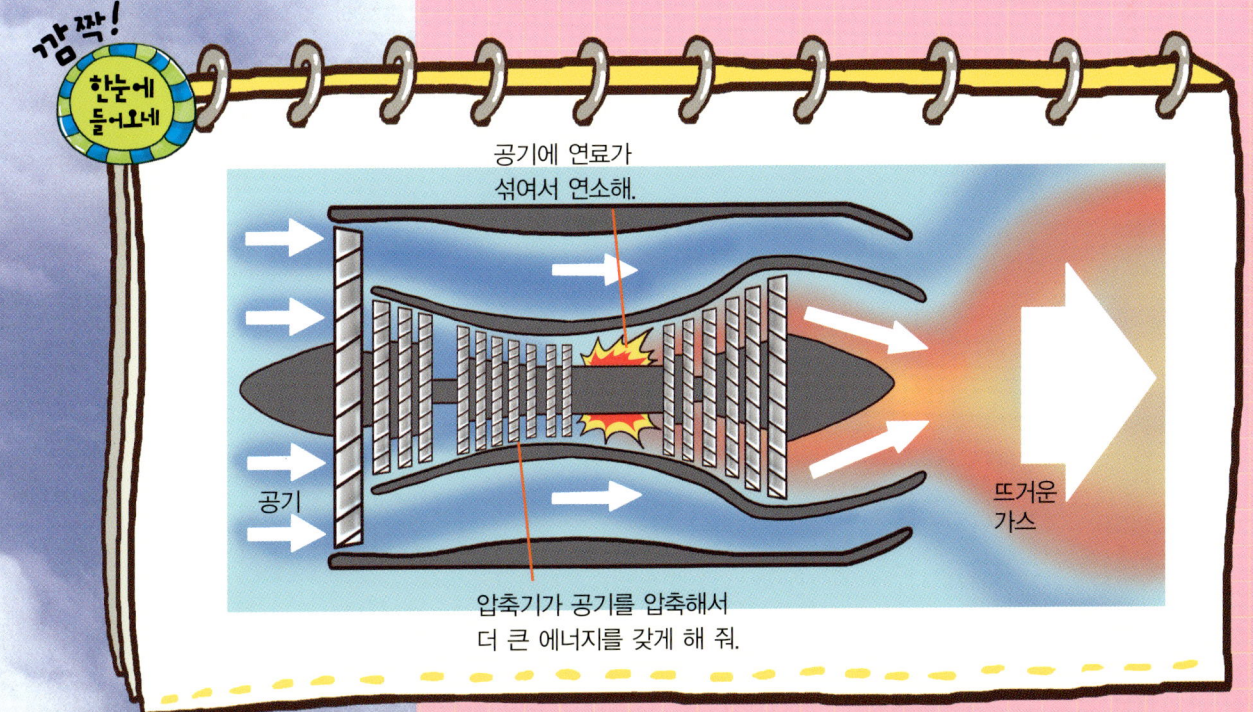

깜짝! 한눈에 들어오네

- 공기에 연료가 섞여서 연소해.
- 공기
- 압축기가 공기를 압축해서 더 큰 에너지를 갖게 해 줘.
- 뜨거운 가스

로켓

하늘을 정복한 조종사들은 더 먼 곳을 바라보기 시작했어. 드넓은 **우주** 공간을 여행하고 싶다는 생각을 하게 된 거야.

하지만 그러기 위해서는 정말 강력한 엔진이 필요했어. 그들에게 필요한 것은 바로 로켓이었어.

로켓 엔진

로켓은 기체 혼합물을 폭발시켜서 가스가 분출되면 그 반동으로 날아가는 비행기계야. 질소 같은 연료를 산소와 섞어서 사용하지.

로켓 연료에 산소를 섞어서 가열하면, 그 혼합물은 아주 빠르게 팽창하기 시작해. 로켓은 이 거대한 팽창력 또는 폭발력에 대한 반동으로 앞으로 나아가는 거야.
이렇게 밀어붙이는 힘을 로켓의 추력이라고 해.

과학자들은 달까지 날아갈 수 있는 우주선을 만들고 싶었어요.

에휴, 언제쯤 달에 사람이 갈 수 있을까?

그중에 로버트 고더드라는 과학자가 연료가 폭발할 때 생기는 높은 온도와 높은 압력의 가스로 우주선을 밀어 올리는 실험을 하였지요.

1926년

오호! 이거 엄청난 발명이군!

콰콰콰쾅~

달에 가고 싶어!

로켓을 쏘아 올리다

하지만 우주선이 지구의 중력을 이기고 달로 날아가기 위해서는 엄청난 추력이 필요했어요. 과학자들은 우주선을 우주로 보낼 만한 큰 추력을 낼 수 있는 장치들을 연구하기 시작했지요.

크흑, 지구의 중력을 이기기엔 힘이 딸리는구나!

비록 그가 발명한 작은 액체 연료 로켓은 60미터를 날았을 뿐이었지만, 로켓을 사용하면 큰 추력을 얻을 수 있다는 것을 증명한 위대한 연구였어요.

이 작은 크기에 이 정도면 엄청난 거라고!

그 덕분에 액체 연료 로켓은 발전에 발전을 거듭하여 드디어 1969년에는 로켓이 우주 비행사를 달까지 보낼 수 있게 되었어요.

크하하하, 안녕!

으윽, 엄청난 힘이다!

전투기

모양이나 소리 면에서 가장 관심을 끄는 항공기는 전투기라고 할 수 있어. 전투기는 매우 빠르고 날렵하며 무시무시하게 시끄러운 소리가 나.

이 폭격기에는 기관총을 얹어놓는 곳이 있어서 군인들이 그곳에서 적의 전투기를 공격할 수 있었어.

랭커스터 폭격기

제2차 세계 대전 중에 영국 조종사들은 랭커스터 폭격기를 몰고 유럽 대륙을 가로질러 독일에 폭탄을 퍼부었어.

포커의 삼엽 비행기

포커의 삼엽 비행기는 제1차 세계 대전 중에 사용된 독일의 군용기야. 두 정의 기관총이 장착되었고, 시속 200킬로미터의 빠르기로 날 수 있었어.

호커 허리케인

영국 전투기 허리케인은 1940년에 벌어진 독일과의 영국 본토 항공전에서 수많은 독일 폭격기를 격추하는 공을 세웠어. 이 전투기는 조종사가 목표물 가까이 날아가서 적기를 격추할 수 있도록 고정식 기관총을 장착하는 경우가 많았어.

세이버
미국 공군의 제트기 세이버는 최초로 제작된 제트 전투기의 하나야.

B-52 폭격기

미국의 B-52 폭격기는 베트남 전쟁에 투입된 전투기로, 오늘날까지 사용돼.

블랙버드
미국 록히드 사에서 만든 SR-71 블랙버드 정찰기는 1976년, 시속 2,193킬로미터로 날면서 세계에서 가장 빠른 비행 기록을 세웠어.

항공기끼리 공중에서 벌이는 전투를 공중전이라고 해.

깜짝! 생활 속의 과학
헬리콥터

비행기는 비행 능력은 뛰어나지만 뜨거나 내리기 위해서 긴 활주로가 필요해. 러시아의 발명가 이고르 시코르스키는 수직으로 이착륙할 수 있는 항공기를 발명하면 좋겠다고 생각했어. 그래서 헬리콥터를 발명했지.

레오나르도 다 빈치는 시코르스키보다 훨씬 더 일찍 헬리콥터를 설계했지만, 실제로 만들지는 않았어.

수직이착륙기(VTOL)

헬리콥터는 활주하지 않고 오르내릴 수 있는 수직이착륙기, 즉 브이톨이야. 헬리콥터의 회전 날개가 빠르게 돌아가면, 날개 위쪽의 공기가 아래쪽보다 더 빠르게 흐르면서 위쪽 공기의 압력이 낮아져. 회전날개는 이렇게 비행기의 날개와 같은 일을 해서 양력을 만들어. 회전날개 아래쪽의 높은 공기 압력에 의해 헬리콥터가 위로 떠오르는 거야.

이고르 시코르스키가 최초의 헬리콥터를 타고 하늘을 날고 있어.

깜짝! 알고 싶은 단어

재난 따위를 당하여 어려운 처지에 빠진 사람을 구해 주는 것을 **구조**라고 해.

낮은 공기 압력

높은 공기 압력

어디든지 간다

헬리콥터는 앞으로도 뒤로도 날 수 있고, 공중에서 멈출 수도 있어. 그래서 비행기가 접근할 수 없는 곳까지 갈 수 있지. 헬리콥터는 병사들을 태워 이동하거나 땅에서 싸우는 군대를 하늘에서 보호하는 데 쓰여. 또한 위험한 지역에 갇힌 사람들을 구조하기도 해.

2. 새들은 특별한 모양의 날개 덕분에 날 수 있어요. 깜짝이는 공기의 속도로 인해 날개를 위로 들어 올리는 '양력'이 생긴다는 것을 알고서 몇 가지 실험을 해 보았어요! 깜짝이의 실험 결과를 보고 맞는 결과에 O해 보세요.

날개 모형에 실을 꿰어 실의 위아래를 잡고 날개 모형 위로 숨을 불어요.

- 날개가 실을 따라 올라가요.
- 날개가 아래에 그대로 있어요.

젓가락 2개에 탁구공 2개를 올려놓고 그 사이에 빨대로 숨을 불어요.

- 탁구공이 서로 붙어요.
- 탁구공이 서로 멀어져요.

두 손으로 종이의 양쪽 끝을 잡고 종이 위로 숨을 불어요.

- 종이가 위로 올라가요.
- 종이는 그대로 있어요.

책상 위에 스티로폼 공을 놓고, 그 위를 깔때기로 덮은 다음 숨을 불어요.

- 스티로폼 공이 위로 올라가요.
- 스티로폼 공이 아래로 내려와요.

4. 라이트 형제가 만든 비행기의 부분들이 각자 자기의 역할을 뽐내고 있어요. 각 부분의 이름과 생김새가 궁금하면 설명에 연결된 사다리를 따라가 보세요.

나는 좌우로 비행기의 방향을 바꿀 수 있어!

나의 힘으로 프로펠러를 돌릴 수 있지!

나는 비행기의 앞부분을 위아래로 움직일 수 있어!

방향키   승강키   엔진

퀴즈 정답

1.
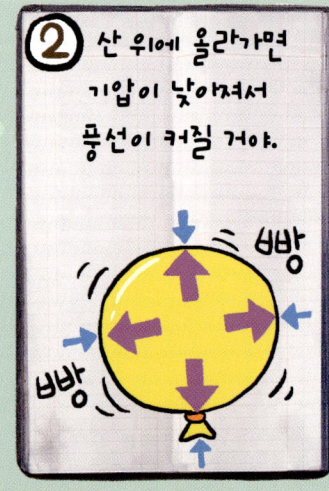

산 위에 올라가면 평지에서보다 기압이 낮아져서 풍선의 크기가 커지게 돼요.
심지어 아주 높은 곳까지 풍선이 올라가게 되면 풍선이 너무 커져서 터져 버리게 돼요.

2.
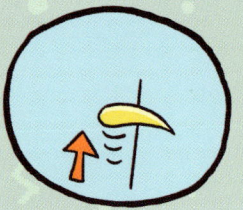 

날개가 실을 따라 올라가요.   탁구공이 서로 붙어요.

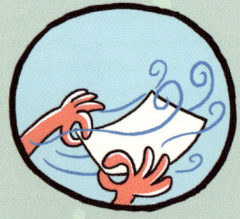 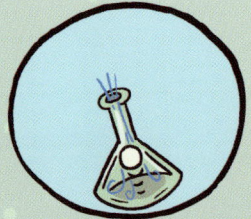

종이가 위로 올라가요.   스티로폼 공이 위로 올라가요.

날개 모형 위쪽을 숨으로 빨리 흐르게 하면 양력을 받게 돼 날개가 위로 뜹니다. 탁구공 사이로 숨이 들어오면 공기의 흐름이 빨라져서 탁구공이 서로 붙게 되지요. 종이 위쪽의 공기가 숨으로 빨리 흐르게 되면 위로 뜨는 양력을 받아 종이가 위로 뜹니다. 스티로폼 공 위쪽의 공기가 빨리 흐르게 되면 스티로폼 공이 깔때기 위쪽으로 올라가지요.

3.

③ 라이트 형제
라이트 형제는 1903년 역사상 처음으로 조종이 가능한 비행기로 비행하는 데 성공했어요.

4.

5.

6.

② 광수가 잘못된 사실을 이야기하고 있어요.
수상비행기는 물 위를 배처럼 떠다니기도 하고, 물에서 곧바로 하늘로 이륙할 수 있어요. 바퀴 대신 공기를 채운 탱크인 플로트가 있어요.

찾아보기

공기 8, 9, 10, 14, 15, 16, 17, 19
공기의 흐름 16
공중전 29
글라이더 6, 10
기관총 28
기압 9
기체 9, 26
낙하산 10
대기 8, 9
동력 19
라이트 형제 20
랭커스터 폭격기 28
레오나르도 다 빈치 10, 11, 30
로버트 고더드 26
로켓 6, 26, 27
몽골피에 형제 14
바람 8, 13
방향키 20
벌새 17
복엽 비행기 22
B-52 폭격기 29
비행기 6, 19, 20, 25, 30, 31
비행기계 10, 26
산소 9, 25, 26
새 9, 16, 17, 18
세이버 29
수직이착륙기(VTOL) 30
스텔스기 24

승강키 20
승객 15, 22
액체 연료 로켓 27
양력 16, 19
에너지 13
에어버스 A380 23
엔진 18, 20, 22, 25
연 12, 13
연료 25, 26, 27
열기구 6, 14, 15
우주 비행사 27
윈드서핑 13
유선형 16, 22
음속 24
이고르 시코르스키 30
전투기 21, 23, 24, 28, 29
제트 기관 24, 25
조종사 25, 28
지붕 모양 10
질소 26
착륙 장치 21
추력 26, 27
포커의 삼엽 비행기 28
프로펠러 18, 20, 21, 22, 25
플로트 21
해수면 9
헬리콥터 6, 11, 30, 31
호커 허리케인 28

깜짝! 과학이 이렇게 쉬웠어? (전 16권)

01 우주 02 빛과 색 03 간단한 기계 04 육상 교통수단
05 에너지 06 건축 07 복잡한 기계 08 소재
09 날씨 10 기술 11 해상 교통수단 12 물
13 통신 14 몸과 건강 15 전기 16 비행기